www.ingramcontent.com/pod-product-compliance
Lightning Source LLC
Chambersburg PA
CBHW072218170526
45158CB00002BA/653
* 9 7 8 1 0 8 1 5 3 9 6 3 4 *